ABOUT THE LINES

SKY LINE

PLANE LINE

GRASS LINE

WORM LINE

ALPHABET WITH LINES

Aa Bb Cc Dd

Ee Ff Gg Hh

Ii Jj Kk Ll

Mm Nn Oo Pp

Qq Rr Ss Tt

Uu Vv Ww Xx

Yy Zz

Made in the USA
Middletown, DE
24 June 2024

56270952R00071